HELDEN DIE ZE HEBBEN NEERGEHAALD:
De Moorden op Yitzhak Rabin en Anwar Sadat, en de Doodgeborenen van Vrede in het Midden-Oosten

Janvier T. Chando

TISI BOOKS

NEW YORK, RALEIGH, LONDEN, AMSTERDAM

UITGEGEVEN DOOR TISI BOOKS
www.tisibooks.com

Non-fictie titels door Janvier Chando

HEGEMON IN DE MAAK: DE GEBOORTE EN GROEI…
ICONEN EN SCHURKEN: Recente Politieke Moorden die…
GEVALLEN HELDEN: Afrikaanse Leiders Wiens Moorden het...
OEKRAÏNE: De Touwtrekwedstrijd tussen Rusland en het Westen
KAMEROEN: De Achtervolgd Hart van Afrika

Fictie Titels van Janvier Chando

De Usurpator: en Andere Verhalen
Driedubbele Agent, Dubbel Kruis
Discipelen van Fortuin
De Union Muzhik
Het Meisje op de Spoor
Flits van de Zon
Goed Fortuin Roept
Meester van het Goede Fortuin
Kinderen van het Goede Fortuin
De Norilsk Beren
Mij Vóór Hen
De Grootmoeders en Perfecte Liefde
De Vuur en Ijs Legende
De liefste Waanzin
Het Honger Vuur
De Tinten van Vuur
Vader en Zonen
De Dokter
Donkere Tinten
De Noodlottige Relaties
Het Vonnis van Hades
De rechtszaak van Zijne Majesteit
Ngokos Dwaasheid
De Usurpator
De Bruidsschat
Ik ben Gehaat
Het Pummel

Aankomende Titels door Janvier Chando

De Witte Valk
De Norilsk Beren
De Thuis Zwervers
De Sterfelijke Vrienden

ISBN-13: 979-8-86-730724-0

ISBN-10: 8-86-730724-X

GEPUBLICEERD DOOR TISI BOOKS

www.tisibooks.com

NEW YORK, RALEIGH, LONDEN, AMSTERDAM

Gedrukt in de Verenigde Staten van Amerika

EPIGRAAF

"Elk proces moet zijn historische koers volgen en tot een logische conclusie komen, ongeacht de facilitators die worden geïnjecteerd om het proces te versnellen, of de obstakels die worden opgeworpen om dit tegen te houden."
—*CHRISTOPHER NKWAYEP-CHANDO*

TOEWIJDING

Het boek is gewijd aan alle iconische en legendarische leiders wiens doel was om de mensheid te dienen en het welzijn van de mensheidsoort vooraf, vooral degenen die werden ingekort in hun historische missies door de kwade krachten vandeze wereld.

ERKENNING

Mijndiepste, warmste en eeuwige dankzij Dr. Samuel F. Tchwenko en Christopher N. Chando voor hun bijdragen aan het ideaal van sociale solidariteit en de versterking van de mensheid.

HELDEN DIE ZE HEBBEN GEVELD:
De moorden op Yitzhak Rabin en Anwar Sadat, en de doodgeborenen van vrede in het Midden-Oosten

Inhoud

KAARTEN

MIDDLE EAST
RUSSIA
KAZAKHSTAN
Black Sea
UZBEKISTAN
GEORGIA
GREECE
TURKEY
Ankara
TURKMENISTAN
Ashgabat
SYRIA
AFG.
CYPRUS
LEBANON
Beirut
ISRAEL
IRAQ
IRAN
Mediterranean Sea
Baghdad
JORDAN
Kuwait
EGYPT
QATAR
Abu Dhabi
Muscat
Riyadh
UNITED ARAB
EMIRATES
SAUDI
OMAN
ARABIA
SUDAN
Khartoum
ERITREA
Asmara
YEMEN
Sanaa
Arabian Sea
Djibouti
SOMALIA
Addis Ababa
ETHIOPIA

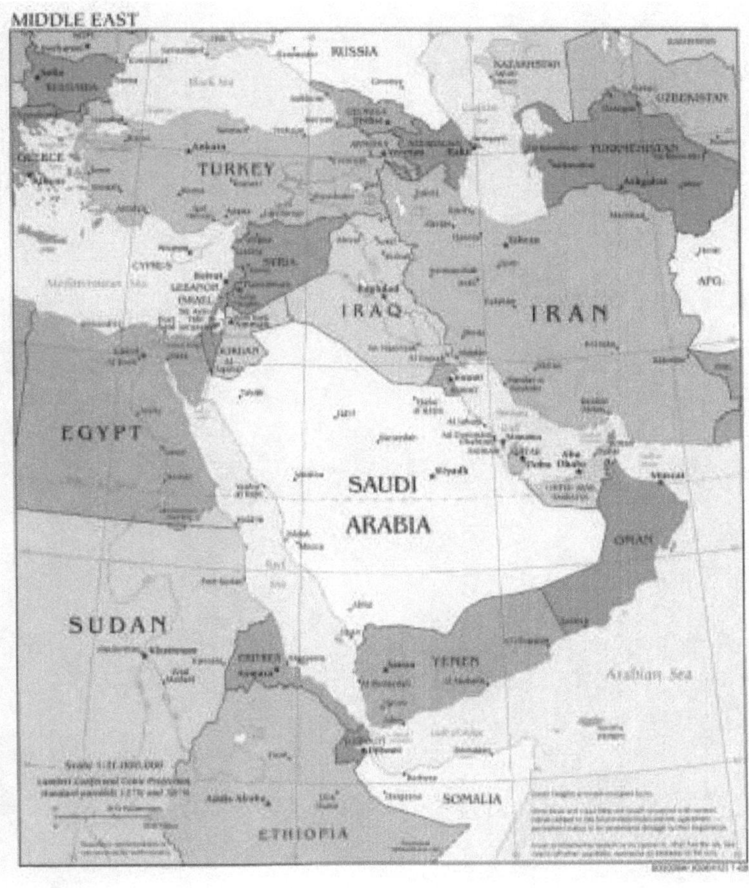

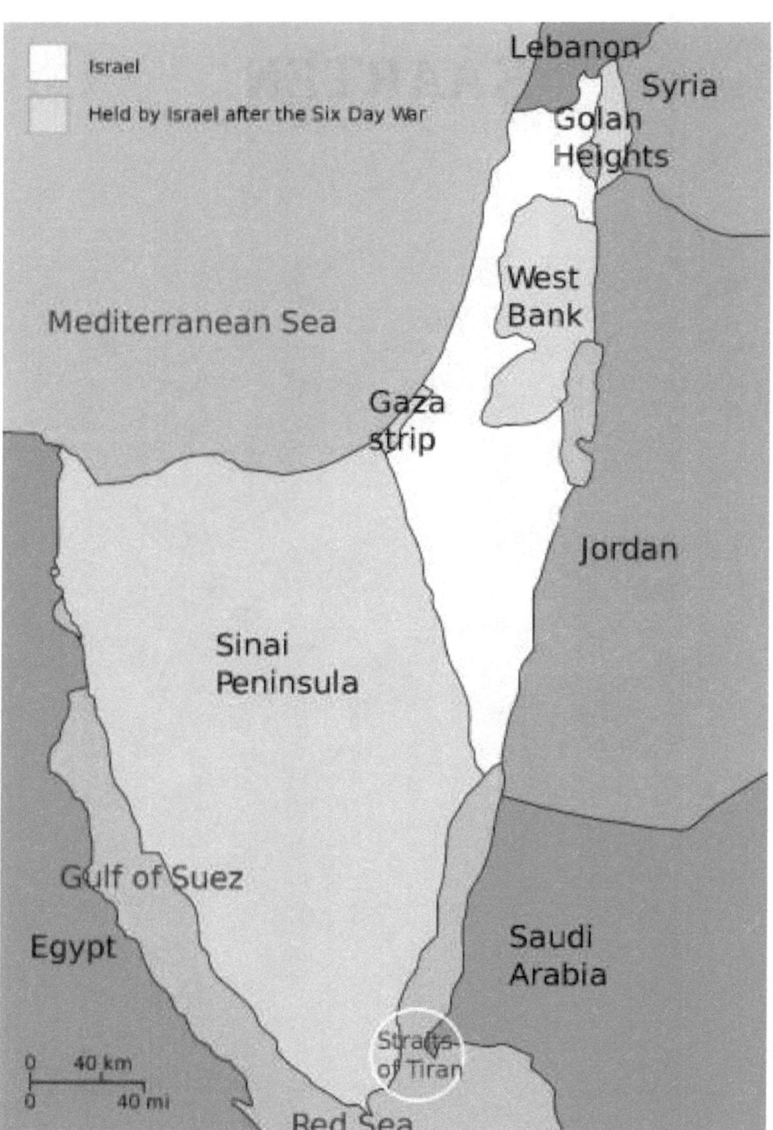

Israel
Held by Israel after the Six Day War
Lebanon
Syria
Golan
Heights
West
Bank
Mediterranean Sea
Gaza
strip
Jordan
Sinai
Peninsula
Gulf of Suez
Saudi
Arabia
Egypt
Straits
of Tiran
0   40 km
0   40 mi
Red Sea

The Six-Day War of 1967 and its consequences

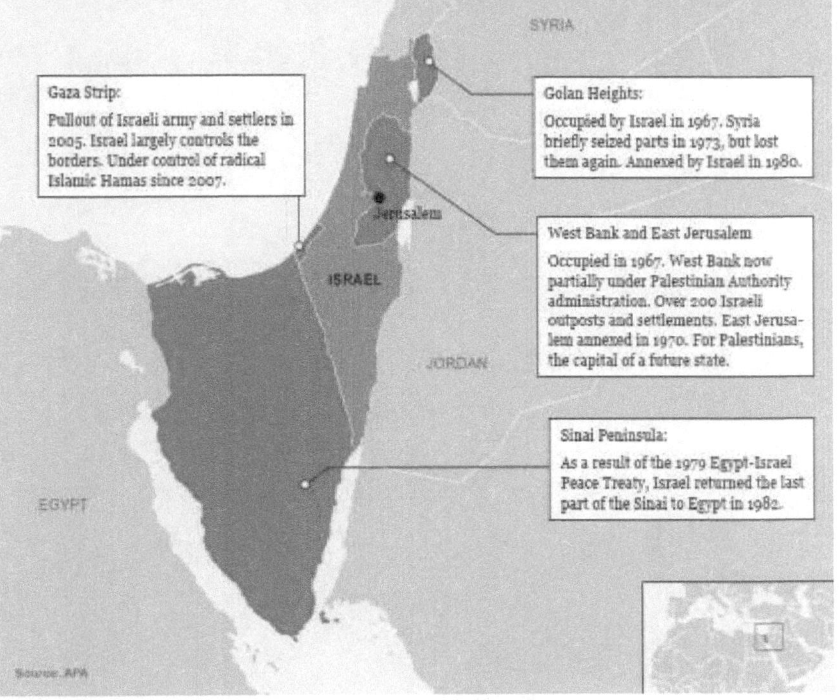

PROLEGOMEEN

Geen enkel deel van de wereld is zo zeer geplaagd door oorlogen als het Midden-Oosten. Sinds de oudheid, zijn grote rivieren-Nijl, Tigris en Eufraat--niet alleen gesteund grote beschavingen, maar zijn hart-deLevant-ook bijgedragen aan delandbouw, industrie, leren, wetenschap en technologie en religieuze ontwikkeling, paaien jodendom en het christendom, vóór de komst van de islam bijna een millennium na. Maar niet tot de oprichting van Israël in 1948 kon men vinden ten minste een land in de regio dat de meerderheid van de burgers zich aan een van de drie religies-het jodendom vond zijn heerschappij weer in Israël; Het christendom was dominant in Libanon en de islam bleef zeer invloedrijk in andere landen in het Midden-Oosten.

Echter, iets dat het raadsel van het Midden-Oosten nog verder gecompliceerd was de aard van de geboorte van Israël, of wedergeboorte als sommigen liever zijn onafhankelijkheid noemen op 14 mei 1948. De naburige Arabische landen reageerden op de proclamatie van de onafhankelijkheid door het te verklaren oorlog op het, wat resulteert in wat bekend staat in de geschiedenis als de eerste Arabisch-Israëlische Oorlog van 1948-1949. Het eindigde met een wapenstilstand die zag Israël controle meer land dan het oorspronkelijk werd toegewezen door de Vn-Organisatie Organization; en het eindigde met wat moest het land van een toekomstige staat voor de Arabieren van de voormalige Britse kolonie Palestina (De Westelijke Jordaanoever en Gaza), valt onder de de feitelijke controle van Jordanië en Egypte respectievelijk.

In de Derde Arabisch-Israëlische Oorlog van 1967 zou Israël de Westelijke Jordaanoever veroveren en bezetten vanuit Jordanië, de Golanhoogten uit Syrië, en Gaza en het Sinaï-schiereiland uit Egypte. Maar pas na de Arabisch-Israëlische Oorlog van 1973zagen deex-strijdende oorlogszuchtigen de noodzaak van vrede. Maar toen de Egyptische president en held van de Oorlog van 1973 en de Israëlische held van de Oorlog van 1967 arvermoord voor het proberen om het mogelijk temaken voor Arabieren en Israëli's om te leven in vrede, harmonie en samenwerking, experts worden uitgedaagd om zin van de ontwikkelingen in de regio die ging onder de radar te maken. Als we rekening houden met het feit dat er na de oorlog van 1948-1949 vier Arabisch-Israëlische oorlogen zijn geweest (1956, 1967, 1973 en 1982) en dat Israël kleine oorlogen heeft gevoerd tegen organisaties in Libanon en Gaza; als we de opkomst van religieus fundamentalisme en de toenemende onverdraagzaamheid tussen de radicale elementen in de drie monotheïstische religies waarnemen, wordt het zo vanzelfsprekend dat de regio dringend behoefte heeft aan vrede, stabiliteit, tolerantie en vooruitgang. Hoe dat kan worden bereikt met de lessen van de moorden op Anwar Sadat en Yitzhak Rabin nog vers in de hoofden van de mensen van de regio, is iets moeilijk te zeggen.

Ja, people worden elke dag vermoord, maar er zijn speciale moorden die zo ingrijpend zijn dat ze resoneren in een land, geassocieerde landen, continenten en zelfs over de hele wereld, vooral als de moorden politieke of religieuze implicaties hebben, en vooral als de moorden worden uitgevoerd als een verrassingsaanval op een belangrijk persoon. Deze gevallen omvatten vaak de moord op een president, een premier, een koning, een bevrijdingsbeweging icoon of andere wereldleiders die invloed hebben op het lot van mensen op eendiepgaande manier. Dergelijke moorden worden beschouwd als politieke moorden of sluipmoorden.

De moord op een gezagsfiguur is soms zo schokkend en overweldigend dat het triggert wat psychologen flashbulb-geheugen noemen bij degenen die de leider kenden die werd geliquideerd, vooral de burgers van het land waar de leider vandaan kwam. Dit zijn vaak mensen die opkeken naar deze inspirerende, motiverende, emulatieve en/ of verlichte figuur als de speciale persoon om ze uit een impasse of deprimerende situatie die ze alleen kunnen voorstellen of die niet duidelijk is uitgestippeld, een toekomst die ze toch sterk geloofden in.

Het verbazingwekkende is dat degenen met een diepe emotionele gehechtheid aan de vermoorde figuur de neiging hebben om te onthouden waar ze waren en wat ze deden toen ze het nieuws van de moord op de leider hoorden.

De wens van regeringen en andere instellingen om te

voorkomen dat het leven van hun historische figuren gedwongen verloren gaat, om trauma's in de geschiedenis van hun landen tevoorkomen, heeft ertoe geleid dat sommige van deze politieke systemen en instellingen een stap verder zijn gegaan om hun leiders te beschermen.

Dit verklaart waarom de meeste prominente politieke leiders vandaag de dag persoonlijke lijfwachten of uitgebreide veiligheidsdiensten om hen heen hebben om potentiële moordenaarss of groepen moordenaars ervan te weerhouden om ze te vermaken of na te streven. Maar in een wereld die gekker lijkt dan ruim twee eeuwen geleden; in een wereld die geteisterd wordt door religieus fanatisme, radicaal nationalisme, geheime agenda's en de verspreiding van wapens; in een wereld die bekend is geworden vanwege het direct delen van informatie of nieuws via de gedrukte, visuele en audiomedia, zou de mensheid een grotere chaos hebben ervaren als er niet meer en betere maatregelen waren genomen om de veiligheid van leiders te garanderen. Dat is de reden waarom we de afgelopen jaren minder gevallen van succesvolle moordaanslagen hebben meegemaakt die zoveel weerklank vonden in de wereld.

Dat brengt ons bij deze vraag: wat zijn de succesvolle gevallen van politieke moorden in de afgelopen twee eeuwen en hoe hebben ze het traject van de geschiedenis veranderd tot het punt waarop ze zich onderscheidden van andere sluipmoorden?

Dit verslag hieronder biedt de lezer inzicht in de schadelijke politieke moorden die niet alleen de mensen pijn deden die opkeken tegen de helden wier leven werd afgebroken, maar die ook de positieve ontwikkeling van bepaalde samenlevingen, landen, continenten en de mensheid als geheel belemmerden. Geheel, waardoor in sommige gevallen het traject van de geschiedenis verandert.

INLEIDING

In mijn zoektocht naar het antwoord op de vraag waarom bepaalde geopolitieke vlampunten in de wereld bestaan, in mijn nieuwsgierigheid naar de reden (en) waarom sommige landen en de wereld in het algemeen plotselinge en dramatische veranderingen hebben ondergaan die hebben geleid tot oorlog, instabiliteit of een heroriëntatie van hun binnenlands en buitenlands beleid dat niet alleen deze landen trof, maar ook bepaalde regio's of de hele wereld beïnvloedt, heb ik de afgelopen tientallen jaren politieke moorden onderzocht die onze wereld hebben veranderd. Met onze wereld bedoel ik onze gemeenschappen, landen, regio's en de mensheid als geheel.

Bij de behandeling van de verschillende moorden die in de loop van de jaren plaatsvonden, gebruikte ik een benadering die wordt gekenmerkt door politieke sociologie, waarbij ik bondig de historische en sociale factoren analyseerde die niet alleen tot de moorden hebben geleid, maar die ook zijn voortgekomen uit het vermoorden van deze historische figuren. En op basis van deze factoren krijgen we een idee of foto's te zien van hoe de getroffen samenleving is geëvolueerd sinds de traumatische gebeurtenis (sen).

Uit de terugslag die volgden op de moord op historische, legendarische of iconische figuren, kunnen we iets nuttigs leren en scenario's bedenken of wat we als calamiteiten kunnen verwachten als bepaalde leiders worden vermoord, en dus dienovereenkomstig handelen in het voorkomen van hun moorden.

HOOFDSTUK EEN

Yitzhak Rabin

Citaten door Yitzhak Rabin

"Je sluit geen vrede met vrienden. Je maakt het met zeer onsmakelijke vijanden."

"We moeten anders denken, de dingen op een andere manier bekijken. Vrede vereist een wereld van nieuwe concepten, nieuwe definities."

"Van alle handen in de wereld was het niet de hand die ik wilde of waarvan ik droomde om aan te raken... Wij, de soldaten die zijn teruggekeerd van de strijd met bloedvlekken, wij die onze familieleden en vrienden voor onze ogen hebben zien vermoorden, wij die hun begrafenissen hebben bijgewoond en niet in de ogen van hun ouders kunnen kijken, wij die uit een land komen waar ouders hun kinderen begraven, wij die tegen u hebben gevochten, de Palestijnen - wij zeggen u vandaag met luide en duidelijke stem: Genoeg bloed en tranen. Genoeg ... De tijd voor vrede is gekomen."

"Genoeg bloed en tranen. Genoeg!"

"Een diplomatieke vrede is nog niet de echte vrede. Het is een essentiële stap in het vredesproces dat leidt naar een echte vrede."

"Er is geen manier om een middenweg te vinden, zelfs niet met de beste bedoelingen van de wereld. Ons verstandigste beleid is om te stoppen."

"Ik beschouwde het voorkomen van oorlog als de test van ons veiligheidsbeleid; naast de mogelijkheid om snel en krachtig een einde te maken aan elke oorlog die ons werd opgedrongen."

"Ik geloof echter dat vrede haalbaar is ongeacht de mentaliteit, de samenleving of de regering van de Arabieren."

"We moeten een jaar doorbrengen in onze relatie met de Verenigde Staten door op tenen te lopen. Als we het jaar 1975 met succes halen en we bereiken 1976, zullen we niet een jaar maar twee winnen."

"Israël heeft een belangrijk principe: het is alleen Israël dat verantwoordelijk is voor onze veiligheid."

"Ik zou willen dat Gaza in zee zinkt, maar dat zal niet gebeuren, en er moet een oplossing worden gevonden."

"Geen enkele Arabische heerser zal het vredesproces serieus nemen, zolang hij maar kan spelen met het idee om meer te bereiken door middel van geweld."

"We zullen niet rusten voordat we een permanente overeenkomst hebben bereikt [met de Palestijnen] die een veilige toekomst voor onze kinderen zou verzekeren en die ons een hernieuwde hoop zou geven om te leven in een regio waar mensen een leven van samenwerking leiden en niet, God verhoede, waar bloed wordt vergoten.'

"[De Palestijnen] deden dat in het verleden niet en vormen in het heden geen existentiële bedreiging voor de staat Israël."

"Er is maar één radicale manier om mensenlevens te heiligen. Geen pantserplaten, of tanks, of vliegtuigen, of betonnen vestingwerken. De enige radicale oplossing is vrede."

"Het is het papier waarop het is geschreven niet waard, tenzij het wordt ondersteund door het soort kracht dat de andere partij de straffen te zwaar zal laten vinden om de overeenkomst te verbreken."

"We waren allemaal verbaasd hoe soepel het verliep in verhouding tot wat werd verwacht. Het kostte de Israëlische samenleving 10 jaar om rijp te worden voor een dergelijke stap."

"Ik geloof dat het mijn verantwoordelijkheid is als premier van Israël om er alles aan te doen om de unieke kansen die voor ons liggen te benutten om vrede te bereiken. Niet alles kan met één handeling worden gedaan."

Israël op een kaart van de wereld

Kaarten van Palestina, Israël en de bezette gebieden in de tijd

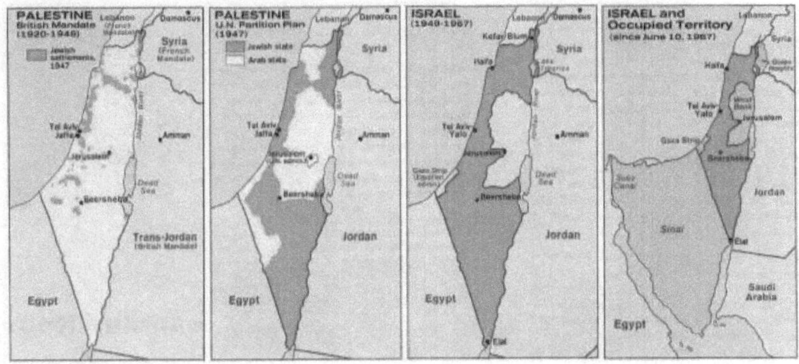

Israël, Gaza, Westelijke Jordaanoever en Golanhoogten

Yitzhak Rabin werd geboren in Jeruzalem op 1 maart 1922, in wat toen deel uitmaakte van het mandaat van de Volkenbond van Palestina, en werd vervolgens de eerste in het inlands-geboren premier van Israël, en de eerste in zijn geschiedenis die werd vermoord toen Yigal Amir, een vijfentwintigjarige ultranationalistische en joodse religieuze fanaat die tegen de Oslo-akkoorden van 1993 was, schoot hem op korte afstand neer aan het einde van een pro-vredesbijeenkomst die op 4 November 1995 in Tel-Aviv werd georganiseerd.

De Oslo-akkoorden, tegengesteld door radicale groeperingen in zowel Israëlische als Palestijnse samenlevingen zich verzetten, zijn een reeks overeenkomsten tussen de regering van Israël en de Palestijnse Bevrijdingsorganisatie (PLO) waarmee het vredesproces is begonnen dat gericht is op het bereiken van een vredesverdrag tussen Israël en de Palestijnen op basis van resoluties 242 en 338 van de Veiligheidsraad van de Verenigde Naties. Verwacht werd dat de Oslo-akkoorden zouden uitmonden in de vervulling van het "Recht van het Palestijnse volk op zelfbeschikking".

De moord op Yitzhak Rabin door de jonge Joodse fanaat deed onvermijdelijk de vraag rijzen of de offers die hij bereid was om Israël te leiden voor het bereiken van vrede met de naburige Arabischsprekende volkeren en Arabische staten niet te veel waren voor de Israëlische samenleving.

Yitzhak Rabin diende zijn tweede niet-opeenvolgende ambtstermijn als premier van Israël voordat hij werd vermoord. De termijn die in 1992 begon, zou eindigen in 1996, het jaar dat hij naar verwachting herverkiezing zou nastreven als kandidaat van de Labour Party om het naar de overwinning te brengen bij de algemene verkiezingen.

Door veel experts beschouwd als de grootste strateeg van alle generaals in de geschiedenis van het moderne Israël en gerekend tot de drie grootste generaals van Israël, was de stugge Yitzhak Rabin niet alleen de eerste in het land geboren premier van Israël, hij was ook de tweede die stierf in functie na Levi Eshkol, en de enige premier in de geschiedenis van Israël die werd vermoord.

Yitzhak Rabin betrad het Israëlische politieke toneel na de (zesdaagse) oorlog van 1967 die Israël binnen zes dagen won door legers van Egypte, Syrië en Jordanië te verslaan; en het veroveren en bezetten van hun territoria. Het was een oorlog die hij bedacht als de 7e stafchef van de Israëlisch Defensieleger (IDF). Vervolgens diende hij van 1968 tot 1973 als Israëlische ambassadeur in de Verenigde Staten van Amerika, voordat hij van 1974 tot 1977 premier van Israël werd, wat een fundamentele fase markeerde in zijn ontwikkeling tot een groot staatsman.

Als vijfde premier van Israël werd hij internationaal gerespecteerd en werd hij als een heilige held beschouwd door de aanhangers van de vredesbeweging in Israël, die hem niet alleen zagen als de generaal die Israël redde in tijden van oorlog, maar ook als de leider van het land die begon het vredesproces met de Palestijnen.

Hoe transformeerde Yitzhak Rabin zichzelf van generaal in een vredestichter?

Het antwoord begint bij zijn geboorte. Geboren in het Shaare

Zedek Medisch Centrum in Jeruzalem uit Oekraïens-Joodse immigranten uit de Derde Aliyah, de derde golf van Joodse immigratie naar Palestina vanuit Europa, zijn ouders zouden kort na zijn geboorte wegtrekken uit de heilige stad, en ze zouden maken uiteindelijk de nieuwe Joodse seculiere stad Tel-Aviv hun nieuwe thuis. Het was in een Labour-zionistisch huishouden in deze kuststad dat de jonge Yitzhak vanaf de leeftijd van één jaar werd opgevoed als een Sabra of inheems geboren Jood, in een tijd en samenleving waarvan de kinderen sterk werden beïnvloed door de zionistische idealen van hun ouders en werden op zeer jonge leeftijd zwaar gemobiliseerd om bij te dragen aan de verwezenlijking van het doel van een thuisland voor de Joden in Palestina in overeenstemming met de Balfour-verklaring van 1917.

Als zoon van een moeder die een centrale figuur was in de Joodse ondergrondse, zou de jonge Rabin landbouw leren in Tel Aviv op de scholen Beit Hinuch Le Yaldei ha'Ovdim en Givat HaShlosha, voordat hij zich inschreef aan de prestigieuze tweejarige Kadoorie Agrarische Middelbare School in 1937. Maar dat was een jaar nadat hij zich aansloot bij de Joodse paramilitaire organisatie de Haganah, waarmee hij het begin markeerde van zijn 27-jarige militaire carrière — beginnend als soldaat van de Palmach (de elite strijdmacht van de Haganah — het ondergrondse leger van de Joodse gemeenschap of Yishuv in Brits Palestina, dat de kern werd van het toekomstige Israëlische leger na de afkondiging van de onafhankelijkheid van Israël op 14 Mei 1948 door David Ben Gurion, de eerste premier van Israël.

Partitiekaart voor Palestina door de Verenigde Naties

Arabisch-Israëlische oorlog van 15 Mei 1948 - maart 1949 als brigadecommandant en klom vervolgens op in de gelederen van de Israëlisch defensieleger(IDF--- gevormd op 26 Mei 1948 uit de Haganah en de militante groepen Irgun en Lehi) voordat hij tegen het einde van de oorlog hoofd operaties van het Zuidelijk Front werd, een positie die hem een plaats opleverde als lid van de Israëlische delegatie bij de Israëlisch-Egyptische wapenstilstandsgesprekken die op het eiland werden gevoerd van Rhodos in de VS, wat leidde tot de wapenstilstandsovereenkomsten van 1949 die een einde maakten aan de Eerste Arabisch-Israëlische Oorlog.

Israël aan het begin van de Eerste Arabisch-Israëlische Oorlog

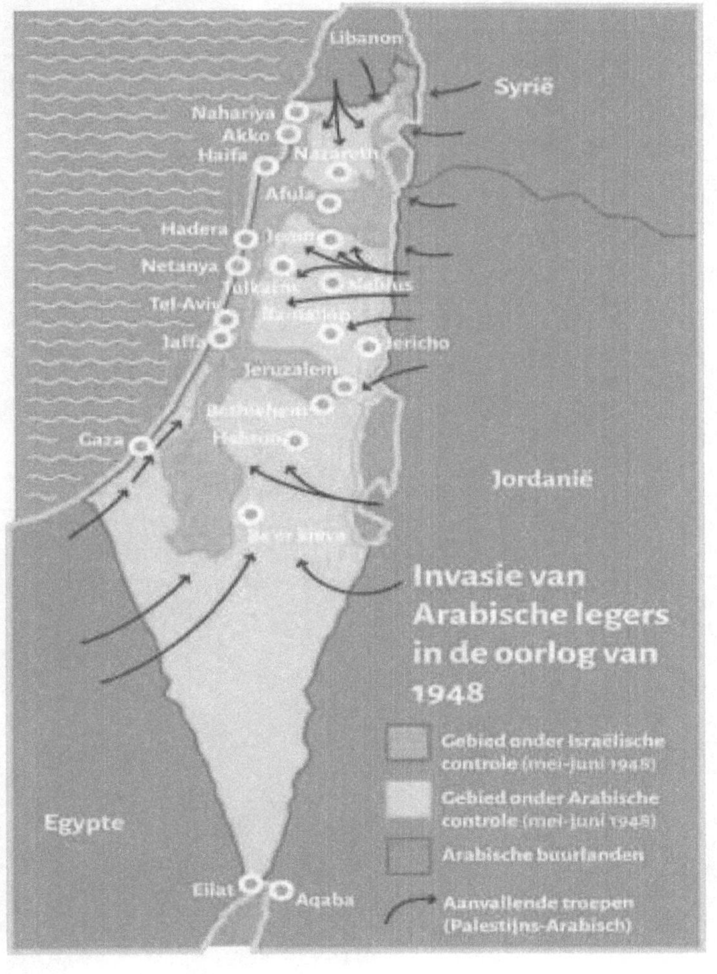

Kaart van de Verdeling van Palestina door de Verenigde Naties, de Eerste Arabisch-Israëlische Oorlog en de Gevolgen Daarvan

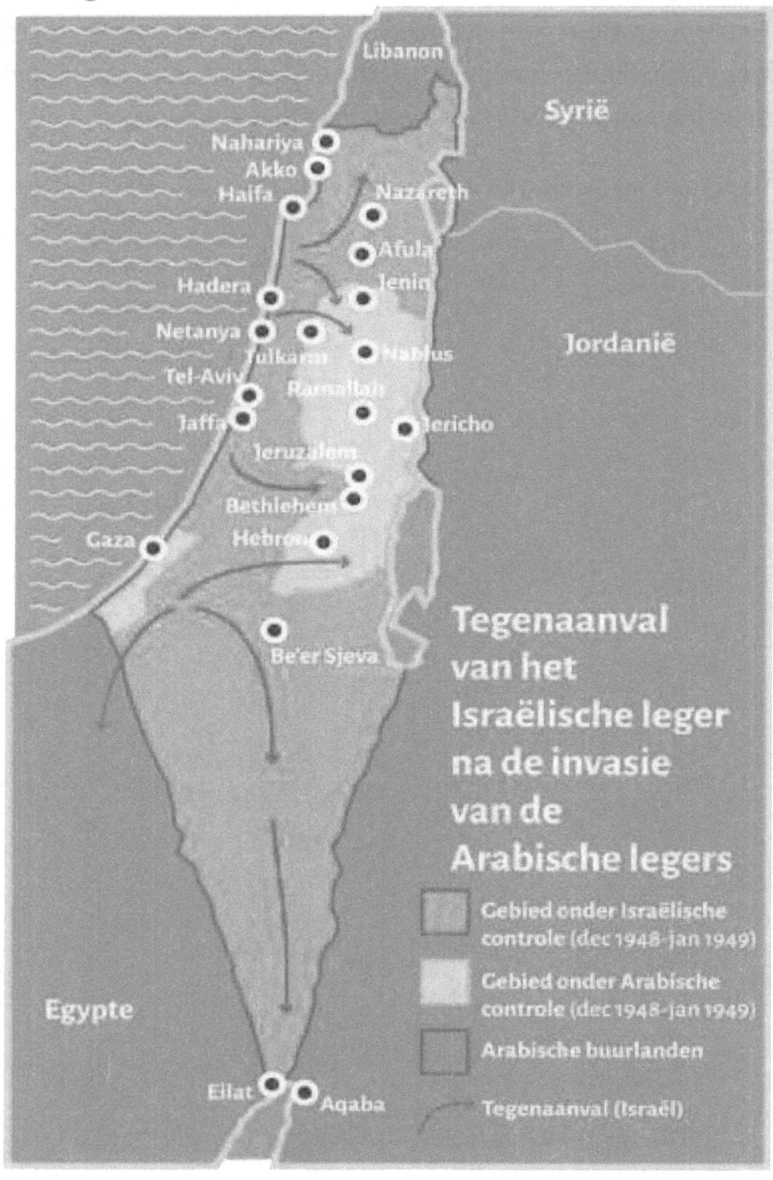

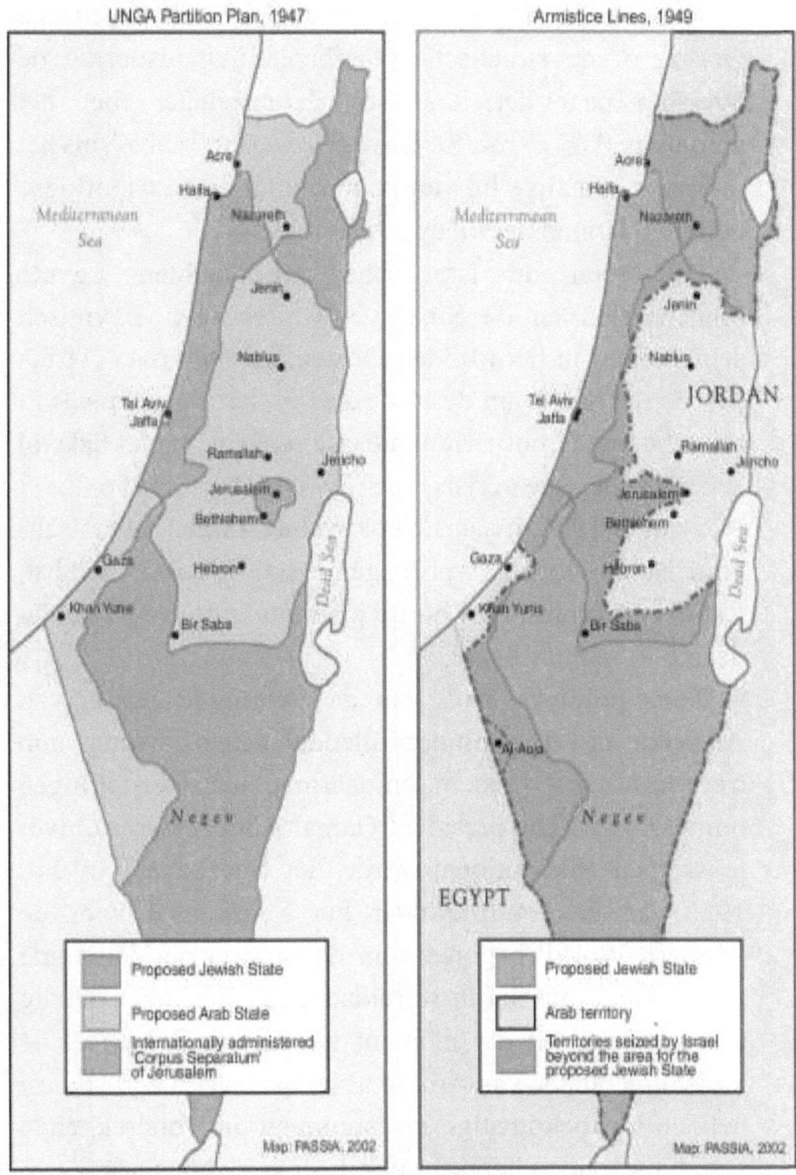

UNGA Partition Plan, 1947
Armistice Lines, 1949
Acre
Haifa
Nazareth
Jenin
Nablus
Tel Aviv
Jaffa
Ramallah
Jericho
Jerusalem
Bethlehem
Gaza
Hebron
Khan Yunis
Bir Saba
Mediterranean Sea
Dead Sea
Negev
Proposed Jewish State
Proposed Arab State
Internationally administered 'Corpus Separatum' of Jerusalem
Map: PASSIA, 2002
Acre
Haifa
Nazareth
Jenin
Nablus
Tel Aviv
Jaffa
Ramallah
Jericho
Jerusalem
Bethlehem
Gaza
Hebron
Khan Yunis
Bir Saba
Al-Auja
JORDAN
EGYPT
Proposed Jewish State
Arab territory
Territories seized by Israel beyond the area for the proposed Jewish State
Map: PASSIA, 2002

Yitzhak Rabin maakte na de Eerste Arabisch-Israëlische Oorlog of de Israëlische Onafhankelijkheidsoorlog de overstap naar het Israëlisch defensieleger met het acroniem 'IDF' *(Israel Defense Forces)* en 'Tsahal', als het oudste voormalige lid van Palmach dat na de naoorlogse demobilisatie in het nieuwe leger bleef.

Dus toen de Israëlische strijdkrachten Egypte binnenvielen en de Sinaï veroverden (een Egyptisch schiereiland in het Midden-Oosten, gelegen over Afrika aan de overkant van de Rode Zee en het Suezkanaal) in alliantie met Groot-Brittannië en Frankrijk in wat bekend staat als de Suez-crisis van 29 Oktober , 1956 tot 7 November 1956, maar die ook wel de Tweede Arabisch-Israëlische Oorlog wordt genoemd, speelde Yitzhak Rabin een centrale rol bij de planning en uitvoering van deze oorlog door Israël.

Toen politieke druk van de Verenigde Staten van Amerika de drie binnenvallende naties dwong hun troepen terug te trekken, en daarmee hun doelstellingen om de Egyptische president Gamal Abdel Nasser omver te werpen (hij nationaliseerde het Suezkanaal in Juli 1956) en de controle over het Suezkanaal voor de Western World, begon Rabin de rol van de Verenigde Staten van Amerika in wereldaangelegenheden volledig te begrijpen. Op dat moment besefte hij dat Israël de Verenigde Staten van Amerika stevig aan zijn zijde moest hebben bij toekomstige inspanningen die verstrekkende gevolgen zouden hebben voor de opkomende natie.

De Suez-crisis wordt ook wel de Tweede Arabisch-Israëlische Oorlog genoemd

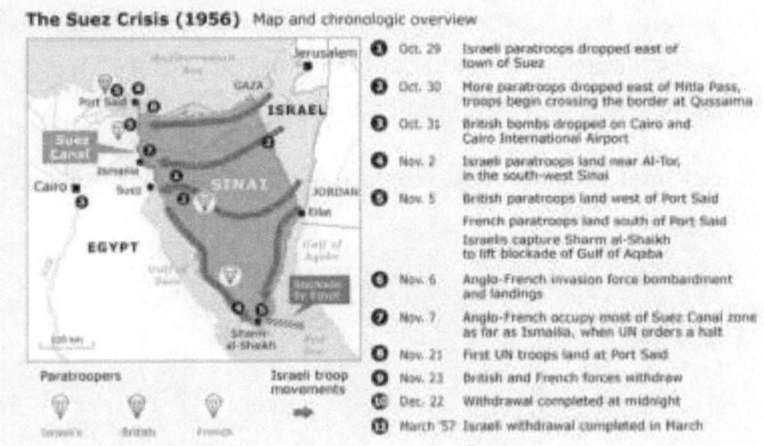

****

Het fortuin van Yitzhak Rabin in het leger steeg het snelst nadat David Ben Gurion het Israëlische politieke toneel in 1963 verliet door af te treden als premier en Levi Eshkol zijn opvolger te maken. Rabin de generaal onderscheidde zich nog verder in de IDF na zijn benoeming tot chef van de generale staf in 1964, toen hij toezicht hield op de veranderingen in het leger die leidden tot de overwinning van Israël in de Zesdaagse Oorlog van 1967, hoewel de minister van Defensie Moshe Dayan kreeg er de meeste eer voor.

De overwinning van de Israëlische strijdkrachten (IDF) op de legers van Egypte, Jordanië en Syrië, en de verovering van het Sinaï-schiereiland en de Gazastrook, de Westelijke

Jordaanoever en Oost-Jeruzalem, en de Golanhoogten respectievelijk vanuit die landen, vergrootten het grondgebied van Israël meer dan drievoudig en versterkte de trots en het vertrouwen van de Joodse staat tot onvoorstelbare hoogten. De topmilitairen werden beroemdheden in hun eigen rechten.

Kaart met Territoriale Veranderingen na de Zesdaagse Oorlog van 1967

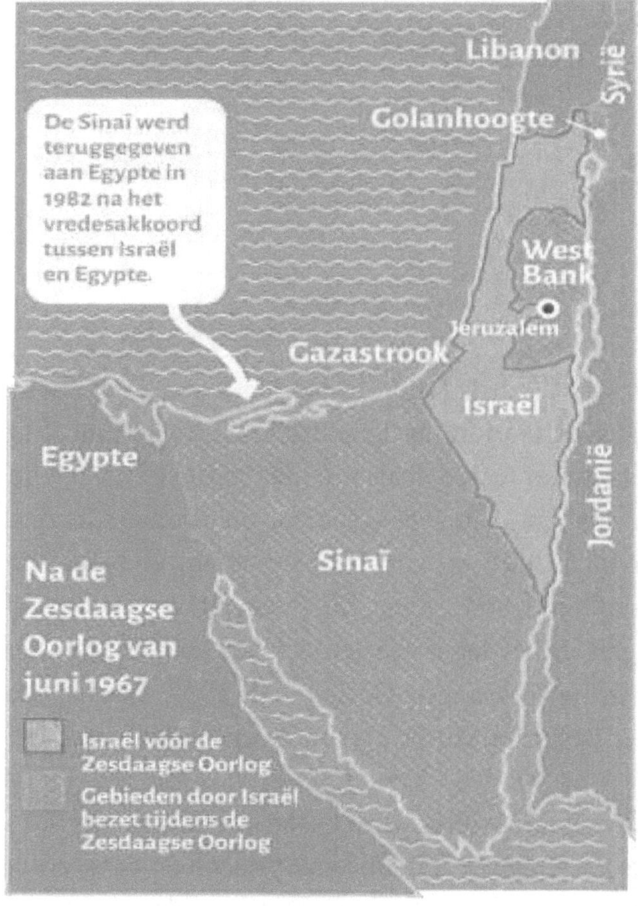

Het was in die glorie dat Rabin zich terugtrok uit de IDF en overging in de politiek. De regering van de derde Israëlische premier Levi Eshkol maakte gebruik van zijn roem en benoemde hem in 1968 tot Israëlische ambassadeur in de Verenigde Staten van Amerika. De ambtstermijn van Yitzhak Rabin als Israëls ambassadeur in de Verenigde Staten van 1968 tot 1973 was een periode van verdieping van de VS-Israëlische banden die zelfs de dood van Levi Eshkol op 26 Februari 1969 dat nooit vertraagd. En Yitzhak Rabin krijgt de welverdiende eer voor de versterkte VS-Israëlische betrekkingen, die bijzonder nuttig bleken tijdens de Yom Kippoer-oorlog van 6 tot 25 Oktober 1973, ook wel bekend als de Derde Arabisch-Israëlische Oorlog, toen hij militaire voorraden veiligstelde die hielpen Israël voorkomt een nederlaag door een coalitie van Arabische staten onder leiding van Egypte en Syrië.

Rabin keerde terug naar Israël vanuit de VS en werd in 1974 benoemd tot premier van het land, na het aftreden van Levi Eshkol's opvolger Golda Meir, wiens leiderschap grotendeels de schuld kreeg van de tegenslagen die de Israëlische strijdkrachten leden tijdens de eerste dagen van de Yom Kippoer-Oorlog toen de Egyptische en Syrische legers in de vroege stadia van de oorlog enige winst boekten op het Sinaï-schiereiland en de Golanhoogten. Dat was voordat ze werden teruggedrongen door een Israëlische tegenaanval tot en buiten de vooroorlogse staakt-het-vuren-linies, en totdat de Verenigde Staten van Amerika en de Sovjet-Unie een tweede staakt-het-vuren uitwerkten, dat ze oplegden aan de strijdende partijen, waardoor een einde aan de oorlog.

Kaart van Israël, Egypte en Syrië na de Yom Kippoer-Oorlog van 1973 (De derde Arabisch-Israëlische Oorlog)

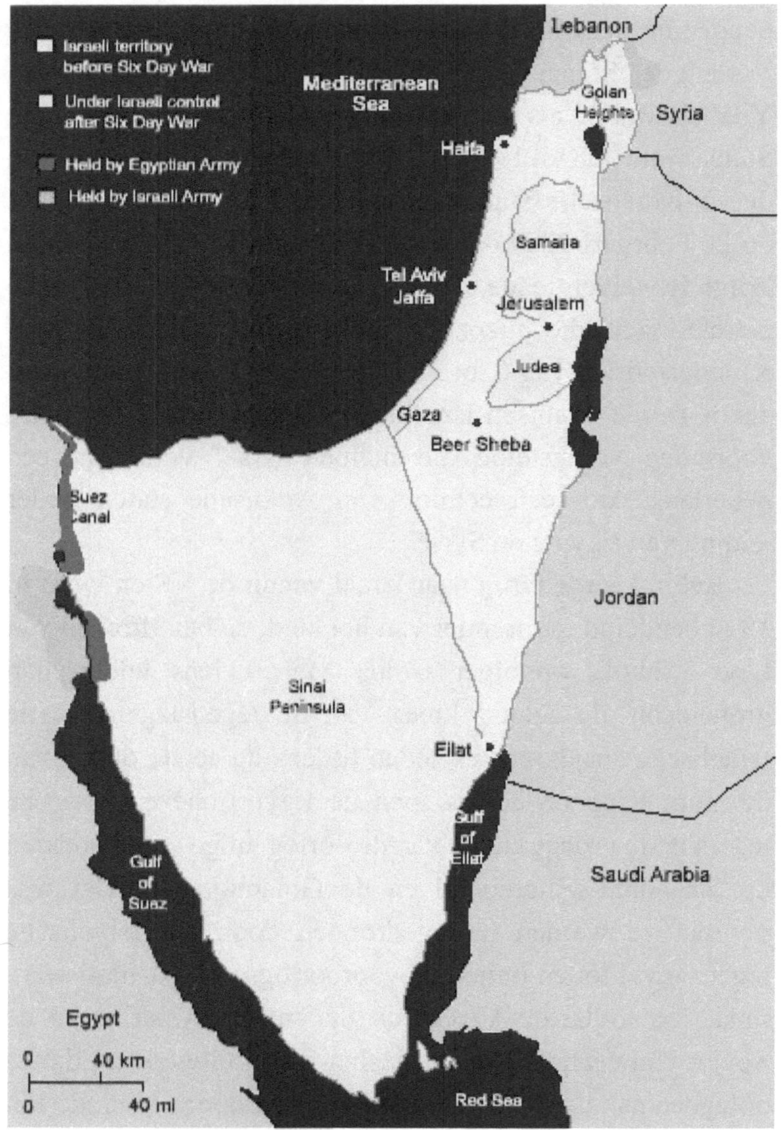

Het eerste grote hoogtepunt van Yitzhak Rabins eerste jaren als premier van Israël was de ondertekening van de Sinaï Interimovereenkomst door Egypte en Israël op 4 September 1975, waarin stond dat hun conflict *"Niet met militaire kracht maar met vreedzame middelen zal worden opgelost. ... "*; En waarin ook Israël werd opgeroepen ruimte te maken voor *"...Een verdere terugtrekking in de Sinaï en een nieuwe VN-bufferzone..."*. De overeenkomst versterkte niet alleen de toezegging van beide landen om VN-resolutie 338 na te leven bij het oplossen van de Israëlische bezetting van het Sinaï-schiereiland, maakte het ook de weg vrij voor een uiteindelijke vredesregeling door de diplomatieke betrekkingen tussen Egypte, Israël en de Verenigde Staten van Amerika te onderhouden.

Het tweede grote hoogtepunt van zijn eerste ambtstermijn als premier was zijn opdracht voor de Entebbe-aanval, ook wel "Operatie Entebbe" of "Operatie Thunderbolt" genoemd. Dit was de succesvolle antiterroristische en langeafstands-undercover-gijzeling-reddingsmissie uitgevoerd door IDF-commando's die 248 passagiers van het Air France Airbus A300-straalvliegtuig hebben bevrijd, van wie de meesten Israëli's waren die als gijzelaars werden vastgehouden op de luchthaven van Entebbe, Oeganda, door twee leden van het Volksfront voor de Bevrijding van Palestina — Externe Operaties (PFLP-EO), en door twee leden van revolutionaire cellen (een van de gevaarlijkste linkse terroristische groeperingen in Duitsland), die allemaal samenwerkten.

Rabin zou op 8 April 1977 ontslag nemen en zich vervolgens terugtrekken uit de partijleiding en kandidaatstelling voor premier voor de komende parlementsverkiezingen. Dat was na het financiële schandaal van 1977, dat voortkwam uit onthullingen dat hij de Israëlische valutaregels had geschonden door buitenlandse bankrekeningen aan te houden zonder voorafgaande toestemming, hoewel hij de rekeningen had geopend bij een bank in Washington, DC in de jaren dat hij in de Verenigde Staten werkte als Israëls ambassadeur (1968-1973), en hoewel de twee bankrekeningen maar tienduizend dollar op hadden.

****

De oppositiepartij Likud onder Menachem Begin zou de Israëlische parlementsverkiezingen van Mei 1977 winnen, en de Labourpartij zou voor het eerst in de Israëlische geschiedenis in de oppositie terechtkomen. Dat was hoe Yitzhak Rabin zich aan de zijlijn bevond toen de nieuwe regering van Menachem Begin, gesteund door de held van de Yom Kippoer-oorlog van 1973 Ariel Sharon, onderhandelde en de door de VS gesponsorde Camp David-akkoorden onderhandelde met de Egyptische president Anwar Sadat, wat leidde tot een vreedzame regeling van de Egyptisch-Israëlische vleugel van het Arabisch-Israëlische conflict. Tussenkomst van de 39e president van de Verenigde Staten, Jimmy Carter, zou zes maanden later gevolgd worden door de ondertekening van het Vredesverdrag tussen Egypte en Israël op 26 maart 1979. Het verdrag bracht het volgende tot stand:

- Een doorbraak in de betrekkingen tussen Egypte en Israël door wederzijdse erkenning, waardoor Egypte het eerste land in de Arabische wereld was dat het bestaan van Israël erkende.

- Een normalisatie van de betrekkingen tussen Israël en Egypte

- Een einde aan de staat van drie decennia van oorlog tussen Israël en de meest bevolkte staat van de Arabische wereld.

- De totale en volledige terugtrekking van alle Israëlische strijdkrachten en veiligheidstroepen van het Sinaï-schiereiland.

Egypte van zijn kant stemde ermee in om van het Sinaï-schiereiland een gedemilitariseerde zone te maken met overeengekomen regels voor het beheer van de behoefte aan meer veiligheid in het gebied.

Het feit dat de Labour-Partij nu in oppositie was, weerhield Yitzhak Rabin er niet van een actieve rol te spelen in de Israëlische politiek. Hij hing rond in de wandelgangen van de macht na zijn ontslag door als lid van de Knesset te dienen en door tot 1984 zitting te hebben in de Commissie Buitenlandse Zaken en Defensie. In feite zou hij van 1984 tot 1990 de minister van Defensie van Israël worden in de regeringen van nationale eenheid onder leiding van premiers Yitzhak Shamir en Shimon Peres, inclusief de jaren van de Eerste Intifada — die intens was van 1987-1991 en voorlopig van 1991-1993.

De Eerste Intifada was een meedogenloze reeks Palestijnse protesten en gewelddadige rellen tegen de twee decennia oude Israëlische bezetting van de Gazastrook en de Westelijke Jordaanoever die van respectievelijk Egypte en Jordanië werden veroverd tijdens de Zesdaagse Oorlog. Het was in het tweede jaar van de Intifada, na gesprekken met Palestijnen van verschillende rangen en standen, dat hij concludeerde dat het conflict met de Palestijnen alleen met politieke middelen kon worden opgelost. Hij verwoordde dat in 1989 bondig tegenover een interviewer met de volgende woorden: *"De oplossing kan alleen een politieke zijn."*

De historische fase van de politieke carrière van Yitzhak Rabin begon echter in 1992 toen hij werd herkozen als premier van Israël op een platform waarin hij het Israëlisch-Palestijnse vredesproces omarmde. De Vredesconferentie van Madrid van 30 Oktober - 1 November 1991, georganiseerd door Spanje en gesponsord door de Verenigde Staten van Amerika en de Sovjet-Unie, in een poging van de internationale gemeenschap om het vredesproces tussen Israël en de Palestijnen nieuw leven in te blazen, tussen Israël en andere Arabische landen, zoals Jordanië, Libanon en Syrië, zorgde voor een momentum waarop Rabin had toegezegd voort te bouwen. Hij dacht dat de omstandigheden in de regio rijp waren om vrede te sluiten, toen hij op 13 Juli 1992 het volgende tegen de Israëlische Knesset (parlement) zei:

"In de huidige realiteit zijn er maar twee opties: ofwel een serieuze poging zal zijn gemaakt om vrede te sluiten met veiligheid ... of dat we voor altijd zullen

leven door het zwaard. "

Hij zou voortbouwen op zijn woorden en van het pad naar een zoektocht naar vrede een officieel streven maken, een initiatief waaruit de Oslo-akkoorden op 13 September 1993 werden geboren. Zo ontstond voor het eerst in het Midden-Oosten het vooruitzicht van een alomvattende vrede.

Yitzhak Rabin, Israëls generaal die het brein was van de meest succesvolle oorlog in de geschiedenis van Israël, overtuigde de wereld ervan dat hij een fervent pleitbezorger was geworden voor vrede tussen Israël en de Arabische wereld tijdens een toespraak die hij hield in het Amerikaanse Congres op 26 Juli 1994 in aanwezigheid van Koning van Hussein bin Talal van Jordanië, de Amerikaanse president Bill Clinton, en de wetgevers kwamen daar bijeen toen hij verklaarde:

"Ik, militair ID # 30743, in het verleden gepensioneerde generaal bij de Israëlische Strijdkrachten, beschouw mezelf vandaag als soldaat in het vredesleger. Ik, die mijn land 27 jaar als soldaat heeft gediend, ik zeg u, uw majesteit, de Koning van Jordanië, ik zeg u onze Amerikaanse vrienden, vandaag beginnen we aan een strijd zonder doden en zonder gewonden, geen bloed en geen angst. Dit is de enige strijd die een genoegen is om te voeren, de strijd voor vrede"

Het kwam dus niet als een verrassing toen Yitzhak Rabin op 14 Oktober 1994 de Nobelprijs voor de Vrede van 1994 won, samen met zijn oude politieke rivaal van de Labourpartij Shimon Peres en de Palestijnse leider Yasser Arafat. Toen Israël op 26 Oktober 1994, een jaar na de Oslo-akkoorden, een vredesverdrag tekende met het Hasjemitisch Koninkrijk Jordanië, en Rabin de hand schudde van de Koning onder wiens bewind hij de verovering van de Westelijke Jordaanoever uit de handen van Jordanië in 1967, had geleid, de wereld werd optimistisch dat hij Israël zou leiden om algehele vrede in het Midden-Oosten te realiseren. Terwijl hij op weg was naar een definitieve regeling met de Palestijnen, streefde Rabin ook naar een vredesregeling met de Syriërs over de Golanhoogvlakte die Israël in de oorlog van 1967 op Syrië veroverde. Zelfverzekerd over de vooruitzichten op vrede, vertelde hij een publiek tijdens een Nobelprijslezing op 10 December 1994: *"Er is maar één radicale manier om mensenlevens te heiligen. Geen pantserplaten, of tanks, of vliegtuigen, of betonnen vestingwerken. De enige radicale oplossing is vrede."*

De troepen die erop uit waren het Israëlisch-Palestijnse vredesproces te verwoesten, leken in 1995 niet te stoppen toen de Palestijnse militante groep Hamas een meedogenloze campagne van zelfmoordaanslagen tegen Israëli's voerde, en terwijl de rechtse troepen in Israël campagne voerden tegen de Israëlische premier, en opriepen tot zijn verdrijving en een einde aan het vredesproces. Toen hij zei: *"We moeten terrorisme bestrijden alsof er geen vredesproces is, en werken aan vrede alsof er geen terreur is ...",* herhaalde hij slechts zijn vastbeslotenheid om een vredesakkoord te sluiten met de Palestijnen ondanks de terroristische aanslagen door extremistische Palestijnse groepen.

Sommigen in Israël en de rest van de wereld zagen de moord op Yitzhak Rabin aankomen toen Yigal Amir hem verschillende keren neerschoot op 4 November 1995 om 21.30 uur, aan het einde van een bijeenkomst ter ondersteuning van de Oslo-akkoorden op het Kings of Israël-plein in Tel. Aviv. Hij stierf op de operatietafel door ernstig bloedverlies en een doorboorde long binnen 40 minuten nadat hij door Yigal Amir was neergeschoten, amper een uur nadat hij het geloof van het vredeskamp in Israël had versterkt met deze gedenkwaardige woorden:

> *"Ik ben zevenentwintig jaar militair geweest. Ik vocht zolang er geen uitzicht op vrede was. Vandaag geloof ik dat er vooruitzichten zijn op vrede, grote vooruitzichten. We moeten hiervan profiteren in het belang van degenen die hier staan, en in het belang van degenen die hier niet staan. En er zijn er velen onder onze mensen."*

De begrafenis en begrafenis van Yitzhak Rabin vonden plaats op 6 November 1995 op de begraafplaats Mount Herzl in Jeruzalem, waar hij werd begraven. De ceremonies werden bijgewoond door honderden wereldleiders, waaronder zo'n 80 staatshoofden.

✱✱✱✱✱✱✱✱✱✱✱✱✱

Yitzhak Rabin, de opmerkelijke soldaat die een kampioen

voor vrede werd, is een symbool geworden van het Israëlisch-Palestijnse vredesproces sinds zijn dood door de kogels afgevuurd door een huurmoordenaar in tegenstelling tot de aard van de vrede tussen Israëli's en Palestijnen die de grote Israëlische generaal en staatsman omarmd.

Vandaag is er geen definitief vredesakkoord tussen Israël en de Palestijnse gebieden. Israël is gekaapt door zijn rechtse politieke krachten die nu de regering en het leger controleren; Hamas regeert nu Gaza, en de Palestijnse autoriteit bevindt zich in een staat van hulpeloosheid met controle over bijna de helft van het Palestijnse grondgebied van de Westelijke Jordaanoever.

In het buitenland zijn straten en pleinen vernoemd naar de vermoorde Israëlische premier in de Duitse steden Bonn en Berlijn; in de steden Chicago, Miami en New York in de Verenigde Staten; in de Spaanse hoofdstad Madrid en in de Oekraïense stad Odessa. Zijn naam is prominent aanwezig in parken in de Canadese stad Montreal, in de Franse hoofdstad Parijs, in de Italiaanse hoofdstad Rome en in de Peruaanse stad Lima.

In Israël dragen bruggen, parken, buurten, scholen, straten, kantorencomplexen van de overheid, krachtcentrales, synagogen en grensovergangen de naam Yitzhak Rabin. Een bibliotheek en onderzoekscentrum genaamd Yitzhak Rabin Center werd gebouwd ter nagedachtenis aan de vermoorde Israëlische premier. Zijn naam wordt geëerd in muziek, postzegels, de Israëlisch defensieleger (IDF) en in centra van hoog onderwijs in Israël en daarbuiten. De herdenking van de dag van de moord op Yitzhak Rabin als zijn officiële herdenkingsdag, wordt door de meeste Israëli's beschouwd als de hoogste erkenning van zijn belang in de Israëlische geschiedenis. Dus toen hij in 2005 postuum de Dr. Rainer Hildebrandt Human Rights Award ontving die elk jaar aan de ontvangers wordt uitgereikt als erkenning voor hun buitengewone, geweldloze inzet voor mensenrechten, waren veel mensen daar niet verbaasd over.

Er is een school van denken dat als Yitzhak Rabin niet was vermoord, hij de volgende algemene verkiezingen zou hebben gewonnen en zijn nieuwe mandaat zou hebben gebruikt om een definitieve vredesregeling te sluiten met de Palestijnse autoriteit onder zijn voorzitter Yasser Arafat, waardoor hij vrede zou brengen in de Midden-Oosten en het ondermijnen van de radicale islamitische groeperingen in een proces dat zou hebben voorkomen:

- De terroristische aanslagen van 11 September 2001 in de Verenigde Staten van Amerika.

- De daaruit voortvloeiende "Oorlog Tegen Terreur" waarbij de Verenigde Staten Afghanistan en Irak binnenvielen

- De oorlog tussen Hamas en de Palestijnse Autoriteit die leidde tot de verovering van Gaza door Hamas

- De Arabische lente

- De burgeroorlogen in Libië en Jemen

- De opkomst van de terroristische militaire en politieke organisaties, geïnspireerd door de jihadistische Salafistische ideologie, bekend als

Islamitische Staat (IS), maar ook wel Islamitische Staat van Irak en Syrië (ISIS) of Daesh in het Arabisch genoemd

- En de burgeroorlog in Syrië.

Een andere school van denken is dat Yasser Arafat Rabin zou hebben teleurgesteld. Deze groep is ervan overtuigd dat de Palestijnse leider nooit de intenties koesterde om een definitieve vrede met Israël te sluiten. De belangrijkste voorstander van deze mening is Ehud Barak, die als de Israëlische premier van 6 Juli 1999 - 7 maart 2001 aan de macht kwam en beloofde Rabins droom te realiseren door vrede tussen Israël en de Palestijnen te sluiten. Ehud Barak gaf Yasser Arafat de schuld van het mislukken van de Camp David-top in 2000, die bedoeld was om een definitieve oplossing te vinden voor het Israëlisch-Palestijnse conflict, en beweerde dat de Yasser Arafat nooit van plan was een akkoord te bereiken over de definitieve statuskwesties met betrekking tot:

- Veiligheidsregelingen tussen Israël en de toekomstige Palestijnse staat

- Joodse nederzettingen in de Palestijnse bezette gebieden van de Westelijke Jordaanoever en Gaza in wat een Palestijnse staat zou worden

- De Tempelberg van Jeruzalem, ook wel de Haram esh-Sharif genoemd door Moslims, die wordt beschouwd als de heiligste plaats in het jodendom en de derde heiligste plaats in de islam

- Vluchtelingen en Palestijns recht op terugkeer naar

Israël

- En Jeruzalem (de aard van zijn verdeling en soevereiniteit)

Esplanade van de moskeeën, in het Arabisch bekend als Bayt al-Maqdis of al-Ḥaram aš-Šarīf, wat "Het Nobele Heiligdom" betekent, en door de Joden als "De Tempelberg", bestaat uit de "Rotskoepel", de Al-Aqs-Moskee, en rechts onder de esplanade is de Westelijke Muur (Klaagmuur)

Het mislukken van de Camp David-top, Palestijnse opruiingen en het bezoek van de Israëlische Likud-partij, leider van de oppositie, Ariel Sharon, op 28 September 2020 aan het Tempelbergcomplex (waar zich de Rotskoepel en de al-Aqsa-Moskee bevinden), bedoeld om Israëlische soevereiniteit over de heilige plaats, veroorzaakte Palestijnse rellen die de Tweede Intifada uitlokken.

Het was op de achterkant van de tweede Intifada, ook wel de Al-Aqsa Intifada genoemd, dat Ariel Sharon de verhardende gevoelens en groeiende veiligheidsproblemen in Israël aanboorde en het zittende Israëlische regeringshoofd Ehud Barak versloeg bij de verkiezingen van 6 Februari 2001 voor premier. De Tweede Intifada zou eindigen op 8 Februari 2005, amper drie maanden na de dood van Yasser Arafat op 11 November 2004.

Israël onder zijn harde premier Ariel Sharon zou alle Joodse kolonisten en Israëlische militairen terugtrekken uit de Gazastrook, de Palestijnse militante groepering Hamas zou zich ontdoen van de Palestijnse Autoriteit in de Gazastrook in het militaire conflict van 10 Juni 2007 tot 15 Juni 2007 dat kuiltjes in de strijdkrachten van Hamas en Fatah. Dat was naar aanleiding van de machtsstrijd tussen de twee nadat Fatah de parlementsverkiezingen van 2006 in de Gazastrook aan Hamas had verloren. De overname van de Gazastrook door Hamas veroorzaakte het uiteenvallen van de Palestijnse Eenheidsregering, zodat de Palestijnse gebieden onder Palestijnse controle nu verdeeld zijn in twee de facto entiteiten: de Gazastrook onder de controle van Hamas en de Westelijke Jordaanoever geregeerd door de Palestijnse Nationale Autoriteit onder leiding van Fatah.

Ook al is links sinds 2001 nooit meer aan de macht in Israël, en hoewel Israël tijdens de Tweede Intifada een barrière op de Westelijke Jordaanoever bouwde op grond van het feit dat het nodig was om een einde te maken aan de golf van politieke moorden in Israël, gepleegd door Palestijnen van de Westelijke Jordaanoever, hoewel andere vredesplannen er niet in zijn geslaagd om een vredesverdrag tussen Israël en de Palestijnen tot stand te brengen, zou Rabins droom om vrede te sluiten met de Arabische wereld een stap voorwaarts zetten toen op 13 Augustus 2020 de bemiddeling van de Verenigde Staten leidde de Verenigde Arabische Emiraten (VAE) om de betrekkingen met Israël te normaliseren door het sluiten van de "Vredesovereenkomst met Abraham-akkoorden: vredesverdrag, diplomatieke betrekkingen en volledige normalisatie tussen de Verenigde Arabische Emiraten en de staat Israël", ook wel de "Abraham-Akkoorden" genoemd. Het akkoord werd gevolgd door de ondertekening van een vredesverdrag tussen Israël en de VAE op 15 September 2020, waardoor de VAE het derde land in de Arabische wereld na Egypte en Jordanië is dat vrede sluit met Israël en ermee samenwerkt op het gebied van economie, diplomatie en op andere fronten.

Yitzhak Rabin, de Sabra die zijn hele leven als soldaat, politicus en staatsman het land van zijn geboorte en land heeft gediend, had Yasser Arafat kunnen dwingen zijn innerlijke remmingen te overwinnen en de offers te brengen voor de vrede die een onafhankelijke Palestijnse staat zouden hebben gerealiseerd; en Yitzhak Rabin had het vertrouwen, het respect en het ontzag van de Arabische wereld, beweren sommige experts. Wat de speculatie ook moge zijn, de verlegen jongen die een van Israëls grootste militaire leiders werd en het centrum van zijn lange reis naar vrede met zijn Arabische en islamitische buren, zal voor altijd gerouwd worden door degenen die dromen of wie dromde van vrede tussen Israël en de Arabier en Moslimwerelden.

**Yitzhak Rabin uit Israël, Bill Clinton uit de VS en de Palestijnse
leider Yasser Arafat bij de Ondertekening van de Oslo-Akkoorden**

Yitzhak Rabin van Israël en Koning Hussein van Jordanië

HOOFDSTUK TWEE

Anwar al-Sadat Anwar al-Sadat

Citaten door Anwar Sadat

"Vrede is veel kostbaarder dan een stuk land ... er zouden geen oorlogen meer moeten zijn."

"Hij die de structuur van zijn gedachten niet kan veranderen, zal nooit in staat zijn de realiteit te veranderen."

"Er kan alleen hoop zijn voor een samenleving die als één groot gezin fungeert, niet als zoveel afzonderlijke families."

"De meeste mensen zoeken naar wat ze niet bezitten en worden tot slaaf gemaakt van de dingen die ze willen verwerven."

"Angst is, geloof ik, een zeer effectief hulpmiddel bij het vernietigen van de ziel van een individu - en de ziel van een volk."

"Groot lijden heeft een zilveren voering waar we dankbaar voor kunnen zijn, omdat het een mens opbouwt en hem of haar binnen het bereik van zelfkennis brengt."

"Dit [fundamentalisme] is geen religie. Het is obsceniteit. Dit zijn leugens, het criminele gebruik van religieuze macht om mensen te misleiden. '

"Er is geen geluk voor mensen ten koste van andere mensen."

"Ik geloof dat een man voor vrede alles kan doen wat in zijn macht ligt. Niets op deze wereld kan hoger scoren dan vrede."

"Als je niet in staat bent jezelf en je eigen houding te veranderen, dan kan er niets om je heen worden veranderd."

"Russen kunnen je wapens geven, maar alleen de Verenigde Staten kunnen je een oplossing geven."

"Ik geef niet om maatschappelijk herkenbaar succes. Ik waardeer alleen dat succes dat ik in mij kan voelen, dat mij bevredigt en dat in feite voortkomt uit zelfkennis."

"Liefhebben betekent geven, en geven betekent bouwen, terwijl haten is vernietigen."

"Ik ben opgegroeid om te geloven dat hoe ik mezelf zag belangrijker was dan hoe anderen me zagen."

"Laat er geen oorlog of bloedvergieten meer zijn tussen Arabieren en Israëli's. Laat er geen lijden of ontkenning van rechten meer zijn. Laat er geen wanhoop of verlies van vertrouwen meer zijn."

"Echt succes is succes met jezelf. Het gaat er niet om dingen te hebben, maar om meesterschap te hebben, overwinning over jezelf te hebben."

"Geloof betekent dat een man elke ramp eenvoudig moet beschouwen als een door het lot bepaalde slag die moet worden doorstaan."

"Ik ben opgegroeid om te geloven dat hoe ik mezelf zag belangrijker was dan hoe anderen me zagen."

"Alleen als hij geen dingen meer nodig heeft, kan een man echt zijn eigen meester zijn en zo echt bestaan."

"De aarde is onsterfelijk, want het herbergt de mysteries van de schepping."

"Laat elk meisje, laat elke vrouw, laat elke moeder hier [in Israël] - en daar in mijn land [Egypte] - weten dat we al onze problemen zullen oplossen door onderhandelingen rond de tafel in plaats van een oorlog te beginnen."

Egypte op een Wereldkaart

Partitie Kaart van Afrika

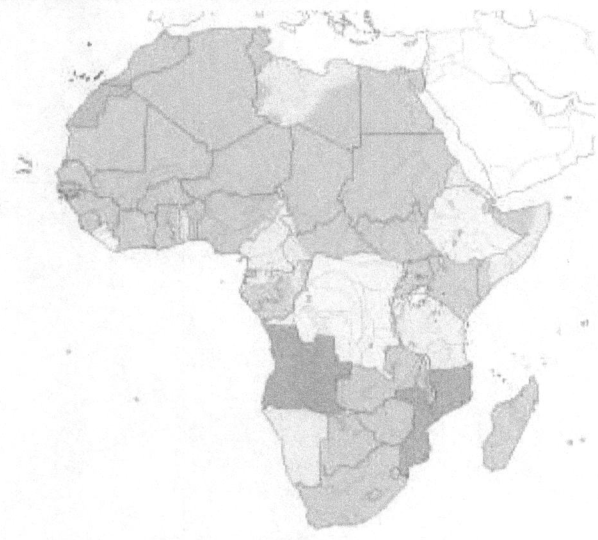

Atual Mapa da África com as Antigas Fronteiras Coloniais

☐ Belgisch		☐ Italiaans	
☐ Brits		☐ Portugees	
☐ Frans		☐ Spaans	
☐ Duits		☐ Onafhankelijke landen	

JANVIER T. CHANDO

Atual Mapa da África com as Antigas Fronteiras Coloniais

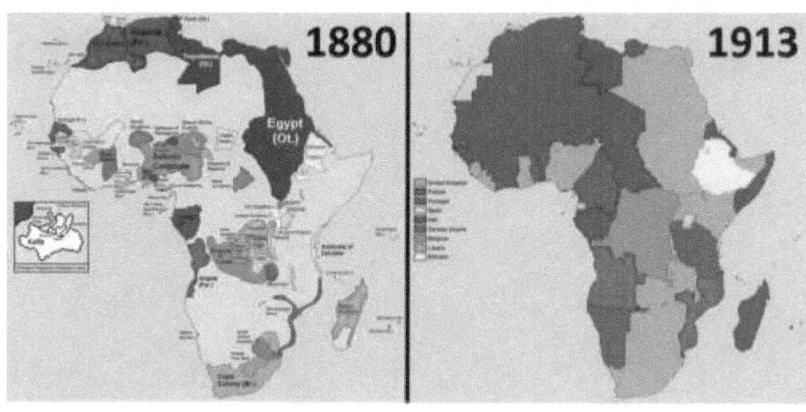

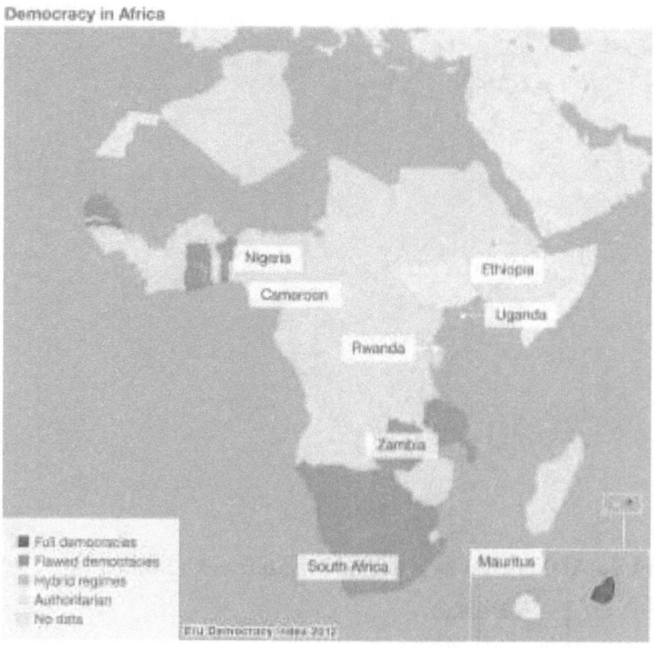

Politieke Kaart van Afrika

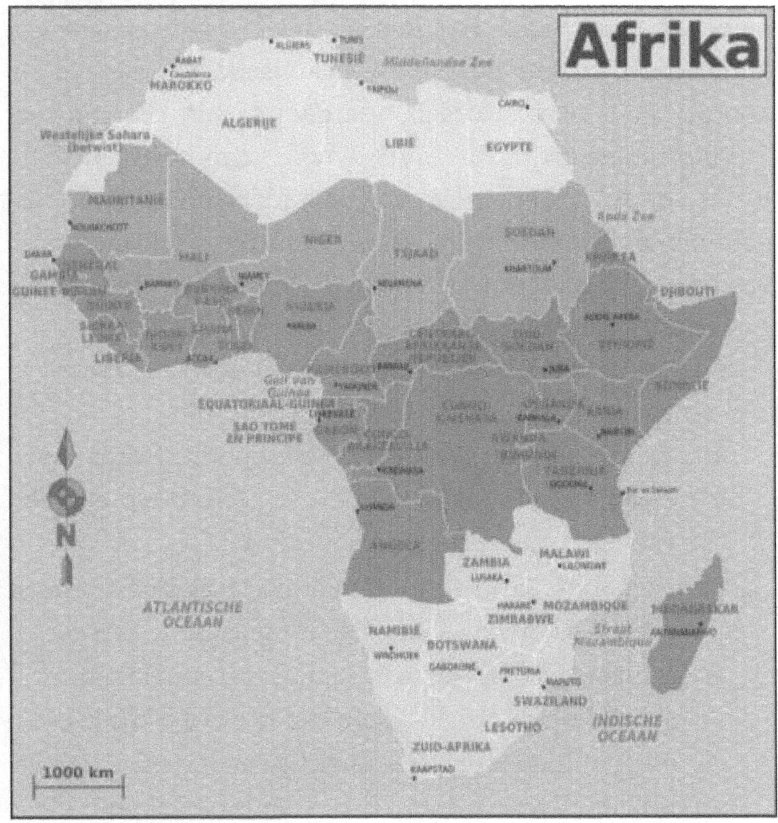

Anwar al-Sadat werd geboren in Opper-Egypte op 25 December 1918 in een gezin van 13 kinderen en groeide 40 mijl ten noorden van Caïro op in een tijd dat Egypte een Brits protectoraat was. De status van Egypte onder de controle van het Britse rijk kwam voort uit de verlammende schuld die de Egyptische regering dwong haar belangen in het Franse aangelegde Suezkanaal te verkopen aan de Britse regering.

Het Suezkanaal is gebouwd tussen 1859 en 1869 en is een kunstmatige waterweg op zeeniveau in Egypte die de

Middellandse Zee verbindt met de Rode Zee via de landengte van Suez. Het kanaal biedt waterscooters een kortere reis tussen de Noord-Atlantische Oceaan en de noordelijke Indische Oceaan, waardoor de reis met ongeveer 7, 000 kilometer (4, 300 mijl) wordt verminderd. In feite hadden de Britten en de Fransen de middelen van het kanaal gebruikt om voldoende politieke controle over Egypte te vestigen dat het logisch was om naar Egypte te verwijzen als een Britse kolonie.

Sadat zou enorm worden beïnvloed door vier figuren in zijn vroege leven:

- Zahran uit Sadat's thuisdorp, die door de Britten werd opgehangen voor een rel die resulteerde in de dood van een Britse officier
- Kemal Ataturk die de moderne staat Turkije heeft gecreëerd uit de as van het Ottomaanse rijk
- Mohandas (Mahatma) Gandhi die de kracht van geweldloosheid had gepredikt in het bestrijden van onrecht tijdens een reis door Egypte in 1932
- En ten slotte Adolf Hitler die aanvankelijk door Sadat werd beschouwd als iemand die kon helpen Egypte los te koppelen van de Britse koloniale controle.

Toen de Britten in 1936 in Egypte een militaire school oprichtten na een overeenkomst met de Egyptische Wafd-partij, werd Sadat een van de eerste studenten. Na zijn afstuderen plaatste de regering hem in Soedan, waar hij Gamal Abdel Nasser ontmoette, met wie hij samen met verschillende andere juniorofficieren de geheime Vrije

Officieren vormde, een beweging gewijd aan revolutie die Egypte en Sudan zou bevrijden van de overheersing van de Britten en de corruptie van de monarchie. Deze politieke associatie zou hen uiteindelijk naar het Egyptische presidentschap leiden.

Sadat zou twee keer gevangen worden gezet voor zijn revolutionaire activiteiten tijdens de Tweede Wereldoorlog. Dit was precies voor zijn inspanningen om hulp te krijgen van de Axis Powers (Italië en Duitsland) om de Britten te verdrijven. Na zijn vrijlating uit de gevangenis maakte hij opnieuw contact met Nasser om erachter te komen dat hun beweging aanzienlijk was gegroeid in de jaren dat hij gevangen zat. Op 23 Juli 1952 wierp de Vrije Officieren organisatie Koning Farouk omver en maakte een einde aan de Egyptische monarchie in een militaire staatsgreep die de Egyptische revolutie van 1952 lanceerde. Daarna werd hij minister van PR en vertrouwde luitenant. De hardwerkende en gefocuste Sadat zou de opdracht van Nasser uitvoeren om toezicht te houden op de officiële abdicatie van Koning Farouk.

Het was in die jaren dat Nasser aan de macht was toen Sadat het gevaarlijke spel van natievorming leerde in een wereld van superkrachten. Ze leidden ertoe dat Egypte een 'niet-gealigneerde' staat werd, waardoor de Noord-Afrikaanse land een van de leidende naties werd onderontwikkelde en postkoloniale samenlevingen naar op keken. Nasser en Sadat zouden de oorlog van 1956 overleven nadat Nasser het Suezkanaal nationaliseerde en de Britten, de Fransen en de Israëli's ertoe aanzette een aanval op Egypte uit te voeren om de controle over het kanaal uit

Egyptische handen te worstelen. De oorlog van 1956 zou pas eindigen nadat de Verenigde Staten van Amerika Groot-Brittannië, Frankrijk en Israël hadden gedwongen hun troepen uit Egypte terug te trekken. De twee kameraden tikte de oorlog zodanig aan dat Egypte uit die oorlog tevoorschijn kwam als een kampioen van de niet-gealigneerde landen voor het weerstaan van de grote mogendheden.

****

De bekendheid van Nasser zou worden ondermijnd na de Zesdaagse Oorlog van 1967, toen het Israëlische leger de Egyptische luchtmacht volledig vernietigde en het Egyptische leger uitschakelde door ten minste 3, 000 soldaten te doden en het Sinaï-schiereiland helemaal naar de Suez te bezetten Kanaal. De uitkomst van de oorlog zette de Egyptische economie onder druk en bracht de regering bijna failliet. Wat Nasser nog ontmoediger maakte, was de groeiende verdeeldheid tussen de ruziënde Arabische landen en de groeiende Palestijnse bewegingen. Zijn dood op 29 September 1970, aan een hartaanval, kwam voort uit zijn achteruitgang in gezondheid veroorzaakt door de nederlaag van Egypte in de Arabisch-Israëlische oorlog van 1967.

Door sommige hooggeplaatste Egyptenaren "Zwarte Poedel van Nasser" genoemd, werd Sadat onderschat toen hij Nasser opvolgde. Hij bewees echter dat hij de komende 11 jaar een scherpzinnige leider van zijn volk was. Toen hij de Israëliërs openlijk een vredesverdrag aanbood in ruil voor het Sinaï-schiereiland dat Israël in de oorlog van 1967 had veroverd, werden velen, vooral in de Arabische wereld, verrast. Toch zou hij de binnenlandse crisis en internationale intriges overwinnen die zijn presidentschap teisterde. Hij zou de Sovjetunie hem serieus nemen door ze te verdrijven nadat ze er niet in waren geslaagd de uitgeputte militaire voorraden van Egypte, aan te vullen en vervolgens de betrekkingen met hen opnieuw te herstellen.

Post-Zesdaagse Oorlogskaart

Toen Sadat op 6 Oktober 1973 Israël aanviel in een poging het Sinaï-schiereiland terug te veroveren nadat de Joodse staat het Egyptische vredesinitiatief bleef weigeren, was dit zijn grootste militaire en politieke gok. Het wierp bijna vruchten af, omdat uitstekende militaire precisie het Egyptische leger in staat stelde om het Suezkanaal terug te steken naar de Sinaï, waar ze het Israëlische leger de woestijn in gingen rijden. Hoewel de successen tijdens de oorlog van korte duur waren en veel van de voordelen van het Egyptische leger werden teruggedraaid, creëerde de aanval een nieuw momentum voor vrede in Egypte en in Israël, aangezien beide staten uit de oorlog kwamen, moe, met gehavende economieën en een gevoel van hoe dicht ze bij ondergang waren. De oorlog trok echter de aandacht en zorgen van de internationale gemeenschap, met name de Verenigde Staten van Amerika die vreesden voor grotere instabiliteit in het Midden-Oosten en Noord-Afrika.

****

Sadat kwam uit de oorlog, ervan overtuigd dat vrede met Israël een enorm "vredesdividend" zou oogsten, en zo zijn belangrijkste diplomatieke gok begonnen door in een toespraak tot het Egyptische parlement in 1977 te bevestigen dat hij overal zou gaan om te onderhandelen over een vredesakkoord met de Israëliërs, zelfs tot het Israëlische parlement. De Israëliërs namen hem op zijn woorden met een uitnodiging om precies dat te doen — het Israëlische parlement dat bekend staat als de Knesset, iets dat hij deed, aanspreken en daarmee initieerde hij een nieuw momentum voor vrede initiëren dat uiteindelijk zou uitmonden in de Camp David-akkoorden van 1978, en bij de ondertekening van een definitief vredesverdrag in 1979 tussen Egypte en Israël. Hij en de Israëlische premier Menachem Begin zouden dat jaar de Nobelprijs voor de vrede winnen voor hun inspanningen om vrede tussen hun twee staten te bewerkstelligen.

De 26 Maart 1979, ondertekening van het historische vredesverdrag tussen Israël en Egypte in het Witte Huis in Washington DC. Van links naar rechts: Anwar Sadat, Jimmy Carter, Menachem Begin

Hoewel het vredesverdrag met Israël het voor Egypte mogelijk maakte om de Sinaï terug te krijgen en hoewel het land hulp van het Westen krijgt in de vorm van buitenlandse hulp, vooral van de Verenigde Staten, hulp die de Egyptische economie heeft geholpen herstellen en zelfs voorspoedig, het verliet Egypte geschuwd door de rest van de Arabische wereld. Sadats gezelligheid met het Westen en het vredesverdrag met Israël zorgden ook voor veel binnenlandse oppositie, vooral onder de fundamentalistische Moslimgroepen in het land. Hoewel hij het dagelijkse leven van de gewone Egyptenaar verbeterde, hoewel hij de sharia tot de basis van alle nieuwe Egyptische wetten maakte, en hoewel hij de kalmte van de natie wilde herstellen door wetten uit te voeren die protest verbieden, zou Moslimfundamentalist niet tevreden zijn.

Het was die ontevredenheid die leidde tot de moord op Sadat op 6 Oktober 1981, tijdens een militaire parade ter ere van de succesvolle Suez-overtocht door het Egyptische leger tijdens de oorlog van 1973 tegen Israël. Zijn vice-president Hosni Mubarak zou hem opvolgen.

Drie VS. Presidenten — Gerald Ford, Jimmy Carter en Richard Nixon zouden de begrafenis van Sadat bijwonen. Het enige Arabische staatshoofd dat zijn laatste eer betuigde aan de vermoorde Egyptische leider was Gaafar Nimeiry van Sudan, een gebaar die hem veel zou kosten omdat hij op 6 April 1985 door islamisten zou worden omvergeworpen.

Hoewel Sadats gewaagde stap in het sluiten van vrede met Israël hem zijn leven kostte en leidde tot de verdrijving van Egypte uit de Arabische Liga, opende het de deur voor toekomstige onderhandelingen tussen Israël en de rest van de Arabische wereld, waardoor de Oslo-akkoorden mogelijk werden tussen Israël en de Palestijnse Bevrijdingsorganisatie (PLO) dat in 1993 was getekend. De ondertekening van het vredesverdrag tussen Israël en Jordanië in 1994, waardoor Jordanië het tweede Arabische land is dat vrede met Israël sluit, is veel te danken aan de pionierende vrede die Sadat ertoe leidde dat Egypte ondertekenen met Israël. Tegenwoordig heeft Israël niet-diplomatieke banden met verschillende andere Arabische landen ontwikkeld en wordt het door verschillende Moslimlanden erkend.

Sadat wordt geëerd in Maleisië, waar hij ere-grootcommandant is in de Orde van de Verdediger van het Rijk.

****

Vandaag, bijna vier decennia na de dood van Anwar Sadat, als je de mening vraagt van Egyptenaren die hem kenden, die zijn heerschappij ervoeren of die over zijn levensverhaal leerden wat hun mening over zijn leven en dood is, zul je hoogstwaarschijnlijk gemengde reacties krijgen als antwoorden op enkele van de opvattingen over een fascinerende man die een complex land leidde tijdens een gecompliceerde periode in de geschiedenis van de meest problematische regio van de wereld. De emoties die je het meest op hun gezichten zult zien, zijn echter die die respect, dankbaarheid en pijn weerspiegelen.

De meeste seculiere Egyptenaren omhelzen zijn nalatenschap en beweerden dat hij een gedurfde leider, een visionair, een realist, een pragmaticus, een humaan persoon en een echte patriot was die niet gehinderd werd door het idealisme.

De meeste mensen die zich echter verzetten tegen Sadat en denken dat de vermoorde Egyptische leider een negatieve erfenis heeft achtergelaten, zijn van mening dat hij de Arabische zaak heeft verraden door een afzonderlijke vrede met Israël te sluiten, omdat naar hun mening het Egyptisch-Israëlische vredesakkoord is een verandering in de geopolitieke configuratie in de regio die in de toekomst alleen maar meer geweld belooft. Deze tegenstanders denken ook dat de voorspoed die hij beloofde na de ondertekening van het Egyptisch-Israëlische vredesverdrag in Camp David in de VS, was overschat. In feite zijn er andere Egyptenaren die zo ver gaan als de grondbeginselen van zijn karakter aanvallen, beweren dat hij vaak bedrieglijk, ijdel en indolent was, en dat hij zelfs af en toe de hansworst speelde, vooral voor zijn superieuren.

Hoewel de meeste experts het erover eens zijn dat Sadat's voorganger Gamal Abdul Nasser de stenen heeft gelegd voor de oprichting van de moderne Egyptische staat, is een andere populaire opvatting is dat Sadat de oprichting van het moderne Egypte heeft voltooid en de interne en externe ontwikkeling van het land vormde — sociaal-economisch en politiek in een zeer fundamentele manier om Egypte op een traject te zetten waar nauwelijks een andere Egyptische leider of politieke beweging kan het weg verplaatsen van. En hij deed dat op een moment dat de meeste Arabische regimes in "morele en politieke degeneratie" waren gevallen, en daardoor Egypte werd bevrijd van hun failliete beleid.

De critici van Sadat, vooral de zwaarste, zoals de islamisten (met name de Moslimbroederschap) beweren dat hij repressief was en hem verantwoordelijk houden voor het moeilijk maken voor de democratie om wortels te vinden en te groeien in Egypte. Sommigen van hen beschouwen hem zelfs als een incompetente bestuurder die de wet bespot door zijn echte of ingebeelde tegenstanders te onderdrukken, en die corruptie in zijn binnen- en buitencirkels bevorderde.

Ongeacht het standpunt dat een criticus van Anwar Sadat inneemt, een ding dat niet kan worden betwist, is het feit dat hij een Egypte erfde van Gamal Abdul Nasser dat gedeeltelijk werd bezet door Israël, verslagen, failliet, sterk afhankelijk van de Sovjetunie; en hij verliet het als een land dat levendiger en veiliger is.

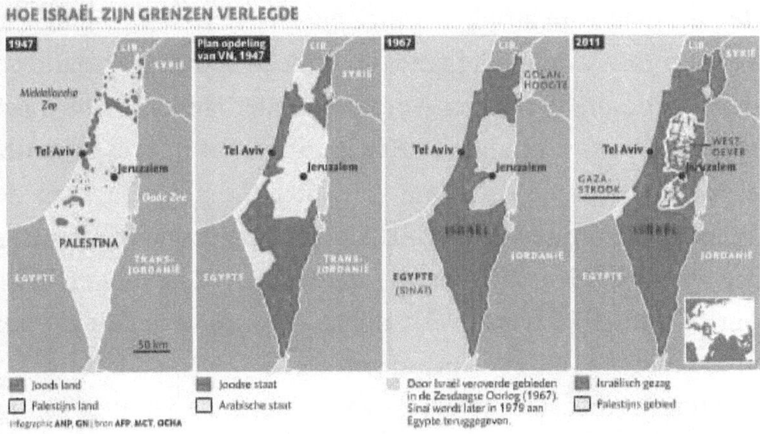

Sommige experts zijn van mening dat Anwar Sadat een visionair was die begreep dat vrede met Israël onvermijdelijk was, dat de rest van de Arabische wereld en de rest van de Moslimwereld op een dag zou komen en vrede sluiten met Israël, en dat hoe sneller het wordt gedaan, des te beter. Hij kon zijn Arabische en islamitische tegenhangers destijds niet overtuigen om zich bij hem te voegen in zijn vredesovertuigingen en ging dus alleen en sloot een vredesverdrag met Israël dat Egypte dividenden ziezo bracht, maar het de wrok van de Arabische en Moslimwerelden opleverde.

Vandaag staat Anwar Sadat gerechtvaardigd. Israël is militair, economisch en sociaal sterker geworden. De bevolking is bijna verviervoudigd en Israël is meer verankerd in de bezette Westelijke Jordaanoever en Golanhoogten dan voorheen. Integendeel, de standpunten van de Arabische en islamitische wereld ten opzichte van het sluiten van vrede met Israël zijn geëvolueerd, tot het punt dat de heersende opvatting is dat ze enorm hebben verzacht. De vernietiging van Israël is niet langer een standaardpositie en over taboe-onderwerpen wordt nu onderhandeld. Zoals het echter opvalt, veranderen de realiteit op het terrein in Israël en de bezette gebieden van de Golanhoogten, Gaza en de Westelijke Jordaanoever elke dag ten gunste van die Israëli's die tegen een deal zijn waarbij land dat werd gevangen in de oorlog van 1976 wordt verhandeld is wordt verhandeld voor vrede met hun buren is gevangen.

Dit zijn meestal rechtse Israëli's die in de jaren zeventig een minderheid waren, maar wier aantal met de dag is toegenomen.

Democratie-index Kaart van Afrika

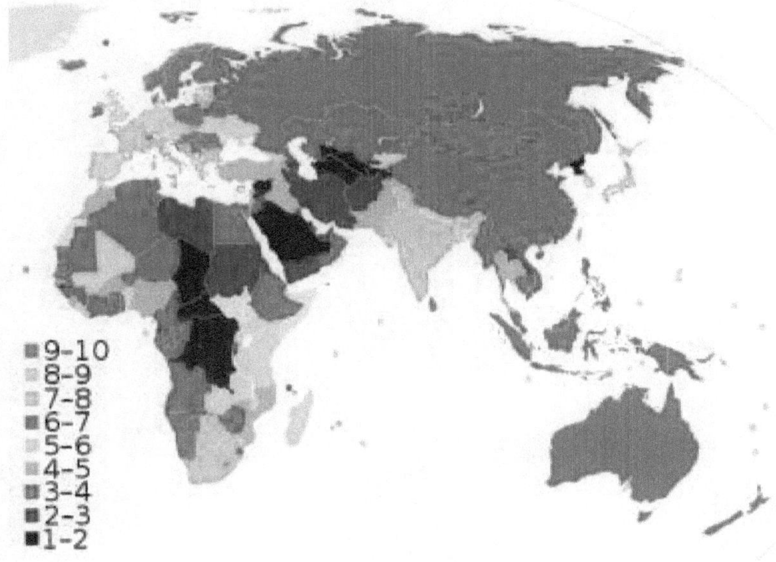

Democratie-index: Afrika en de Wereld

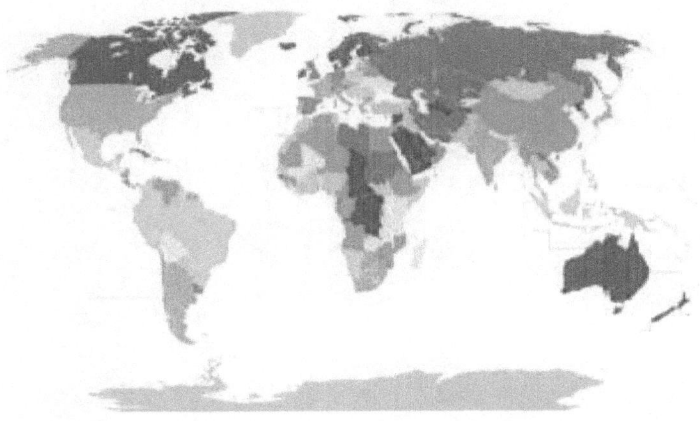

www.ingramcontent.com/pod-product-compliance
Lightning Source LLC
Chambersburg PA
CBHW031419250726
48656CB00002B/734